Leben voll Hoffnung

Die Hoffnung will das Heil,
das unsichtbar ist in uns,
sichtbar werden lassen.
Sie will all das, was Gott in uns hineingelegt hat,
zum Vorschein kommen lassen.

Das rechte Maß

Ein wichtiges Wort über die Selbstannahme ist das Gleichnis Jesu vom Turm, den wir bauen sollen. (Lk 14,28-30)
Wir sollen unseren Lebensturm mit den Mitteln bauen, die uns zur Verfügung stehen, mit den Steinen unserer Lebensgeschichte. Wenn wir den Turm zu klein bauen, verfehlen wir unser Leben. Und wenn wir ihn zu groß anfangen, werden wir ihn nicht vollenden können. Wir sollen unser Maß finden.

Anselm Grün

Gott liebt dich, wie du bist

Ermutigungen

benno

Gottes Liebe

Wenn Sie Gott mit dem Verstand und dem Willen lieben, dann ist das schon ein erster Schritt. Wir können die Liebe zu Gott oft nicht emotional spüren. Die Liebe zu einem Menschen spüren wir im Herzen. Da sind wir verzaubert. Wir sind kaum einmal richtig in Gott verliebt – obwohl es das bei manchen Mystikern durchaus gibt. Die Liebe ist die Bereitschaft, sich auf Gott einzulassen. Diese Liebe kann wachsen, wenn wir die Worte Gottes in der Bibel lesen. Da tritt uns Gottes Liebe entgegen. Und indem wir diese Worte der Liebe in unser Herz fallen lassen, kann auch in unserem Herzen Liebe entstehen.

Erfüllung in der Liebe

Wir sollen die Liebe zu einem Menschen und die Liebe zu Gott nicht zu Gegensätzen machen. Wir alle sehnen uns danach, zu lieben und geliebt zu werden. Das Ziel dieser Sehnsucht ist aber nicht, dass einer kommt, der uns satt lieben wird.
Wir erfahren in unserer Liebe Erfüllung und Enttäuschung. Sowohl die Erfüllung als auch die Enttäuschung weckt in uns die Sehnsucht nach einer Liebe, die tiefer ist als die menschliche Liebe. Es ist letztlich die göttliche Liebe.

Gott umarmt uns

Viele beklagen sich, dass sie Gottes Liebe nicht spüren. Die Liebe eines Menschen kann ich viel leichter spüren. Wenn ich jemanden umarme, spüre ich seine Liebe. Doch Gottes Liebe möchte uns auch umarmen. Gott umarmt uns durch seine Schöpfung. Wenn ich mich in den Wind stelle, kann ich spüren, wie Gottes Liebe mich zärtlich streichelt. Wenn ich mich von der Sonne bescheinen lasse, stelle ich mir vor, dass Gottes wärmende Liebe in mich eindringt und alles in mir annimmt. Ein anderer Weg ist der Atem. Im Atem strömt Gottes Liebe in mich ein. Ich kann mich mit dem Atem gleichsam streicheln und mir vorstellen, dass im Atem Gottes Liebe alle Bereiche meines Leibes durchdringt.

Heilige Eucharistie

Der Höhepunkt der Liebeserfahrung ist für uns Christen die Eucharistiefeier. In der Kommunion gibt sich uns Jesus Christus, um uns seine Liebe leibhaft spüren zu lassen. Wir dürfen seine Liebe essen und trinken und so eins werden mit seiner Liebe. Aber auch das geht nicht automatisch. Ich muss es mir vorstellen und ich muss in der Kommunion bewusst die Liebe Christi in mich eindringen lassen.

Wer in der Liebe bleibt

Manchmal dürfen wir erfahren, dass wir nicht nur lieben, sondern einfach Liebe sind. Eine Frau erzählte mir, dass sie nach einer Meditation sich voller Liebe fühlte. Die Liebe strömte zu allem, was ist, in ihr Zimmer, zu den Menschen, in die Natur hinaus. Das war die Erfahrung, dass sie einfach Liebe ist. Wer diese Erfahrung macht, der hat Gott erfahren. Der spürt, dass das Wort aus dem 1. Johannesbrief stimmt: „Gott ist Liebe. Wer in der Liebe bleibt, bleibt in Gott, und Gott bleibt in ihm.“ (1 Joh 4,16)

Grund unserer Hoffnung

Die Hoffnung hat eine verwandelnde Kraft. Die christliche Tugendlehre sieht die Hoffnung zusammen mit dem Glauben und der Liebe. Die Hoffnung macht unsere Seele weit. Und sie gibt uns den Mut, nie aufzugeben, weder uns selbst noch einen anderen aufzugeben, sondern durch alle Turbulenzen des Lebens im Vertrauen weiterzugehen, weil Gott selbst mit uns ist und Christus mit uns im Boot sitzt. Christus, der gestorben und auferstanden ist, ist der eigentliche und tiefste Grund unserer Hoffnung. Er zeigt uns, dass selbst der Tod, selbst das Scheitern am Kreuz uns die Hoffnung nicht zu rauben vermag. Die Liebe ist stärker als der Tod. Das ist der eigentliche Grund unserer Hoffnung.

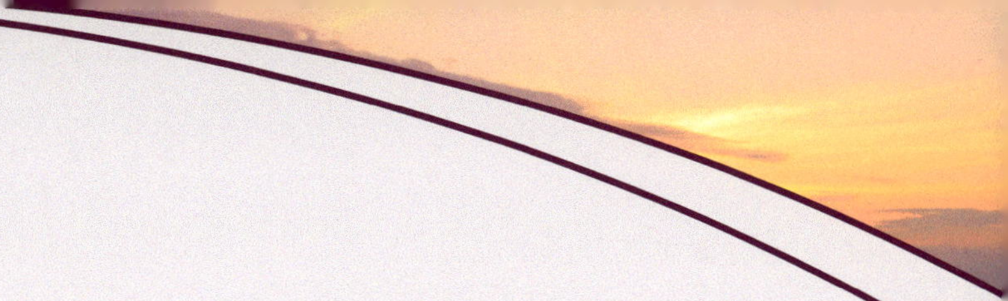

Hoffnung meiner Seele

Paulus spricht von der Hoffnung im Römerbrief. Wir hoffen auf das, was wir nicht sehen. „Hoffen wir aber auf das, was wir nicht sehen, dann harren wir aus in Geduld.“ (Röm 8,25)
Ich hoffe auf das, was in mir unsichtbar ist, auf die heilenden Kräfte in meiner Seele, die ich oft nicht sehe, auf die Liebe, die in mir ist und gerade erloschen zu sein scheint. Und ich hoffe auf den guten Kern im andern, den ich gerade nicht sehe, weil er sich so aggressiv verhält.
Die Hoffnung will letztlich das Heil, das unsichtbar ist in uns, sichtbar werden lassen. Sie will all das, was Gott in uns hineingelegt hat, zum Vorschein kommen lassen. Aber dazu braucht es Geduld, damit das Unsichtbare in uns langsam sichtbar wird.

Gottes Sakramente

Die Gebote Gottes sind ein Weg in die innere Freiheit und in den inneren Frieden. Die Sakramente zu empfangen, ist Ausdruck unseres christlichen Glaubens. Und in den Sakramenten erfahren wir immer aufs Neue die Liebe, mit der uns Christus bis zur Vollendung geliebt hat. Die Kirchenväter sagen uns, dass uns Christus selbst in den Sakramenten berührt. Er tut an uns heute, was er damals an den Menschen getan hat. Er schenkt uns Heilung, Stärkung, Vergebung, göttliches Leben.

In der Gnade Gottes

Die katholische Kirche sagt, dass jeder, der nach seinem Gewissen lebt, letztlich zu Gott findet. Wer also in anderen Religionen nach seinem Gewissen lebt, von dem dürfen wir auch glauben, dass er in der Gnade Gottes lebt, dass er gottwohlgefällig ist. Wer sich weder um die Gebote Gottes noch um das Gewissen kümmert, der schadet sich selbst. Er ist innerlich gespalten, abgespalten von seiner Seele. Sein Leben verkümmert, selbst wenn es nach außen voller Glanz ist.

Erfüllung der Sehnsucht

Im Tod wird jeder Mensch Gott in seiner Liebe begegnen. Und er wird diese Liebe konkret in Jesus Christus, seinem menschgewordenen Sohn, erkennen. Wir dürfen hoffen, dass jeder Suchende dann in Christus die Erfüllung seiner Sehnsucht wiederfindet. Dann ist er im Heil. Dann ist er gerettet durch und in Jesus Christus.

Lebe bewusst und wach

Dein Leben ist einmalig. Lebe daher bewusst und wach! Du kannst auch scheitern. Jesus möchte uns zu einem achtsamen und gelingenden Leben einladen. Im Tod werden wir in die Liebe Gottes hinein sterben. Wenn wir uns dieser Liebe ergeben, sind wir bei Gott, sind wir im Himmel.

Damit das Leben gelinge

Gott wirft niemanden in die Hölle. Aber die Hölle sagt uns, dass wir uns gegenüber Gott verschließen können. Und dann sind wir in der Hölle. Jesus spricht in zweifacher Weise von der Hölle. Die erste Weise ist die Hölle, die wir uns hier bereiten, wenn wir an unserem Wesen vorbeileben. Das Gleichnis von den Talenten beschreibt z.B., wie der dritte Knecht sich sein Leben zur Hölle macht, weil er aus einem Sicherheitsdenken und aus Angst vor Gott lebt.

Jesus will uns sagen: Wenn du alles kontrollieren willst und wenn du so ein angstmachendes Gottesbild hast, dann wird dein Leben jetzt schon zur Hölle. Jesus will uns einladen, gut mit uns umzugehen, aus Vertrauen heraus zu leben und nicht aus Angst. Dann gelingt unser Leben hier.

Die Liebe ist stärker

Wir dürfen vertrauen, dass wir im Tod die Menschen, die wir geliebt haben, wiedersehen und dass wir ihre Gemeinschaft erleben dürfen. Die Liebe wird durch den Tod nicht zerbrechen. Sie ist stärker als der Tod. Wir werden im Tod nicht aus der Liebe Gottes fallen, aber auch nicht aus der Liebe zu den Menschen. Im Tod wird auch diese Liebe zu einem anderen Menschen vollendet.

Zum wahren Selbst

Das Wort Jesu von der Selbstverleugnung meint, dass wir frei werden von unserem Ego. Das Ego will alles für sich benutzen. Es kreist immer nur um sich. Wir sollten vom Ego zum wahren Selbst gelangen. Das Selbst ist unsere Personmitte. In ihm ist unser wahres Wesen. Das Selbst sollen wir nicht verleugnen. Wir sollten vielmehr dem Ego Widerstand leisten, uns befreien von der versklavenden Macht des Ego.

Frei werden vom Egoismus

Selbstverleugnung darf nicht zur Selbstentwertung oder Selbstverbiegung werden. Jesus meint damit vielmehr einen Weg, frei zu werden von der Macht des Ego, durchlässig zu werden für den Geist Gottes. Wenn einer sich selbst nur in den Mittelpunkt stellt, wirkt er auf seine Umgebung unangenehm. Wer durchlässig ist für den Geist Gottes, der wird auch leichter eine gute Beziehung zu den Menschen finden. Es tut ihm selbst gut. Der Egoist schadet sich letztlich selbst. Er verkümmert menschlich.

Sich selbst annehmen

Jesu Gebot, den Nächsten zu lieben wie sich selbst, fordert uns zur Selbstannahme auf. Wir können den anderen nur annehmen, wenn wir uns selbst annehmen. Ein anderes Wort ist: „Wer nicht sein Kreuz trägt und mir nachfolgt, der kann nicht mein Jünger sein.“ (Lk 14,27) Das Kreuz tragen heißt: mich annehmen in meiner Gegensätzlichkeit, mit allen Licht- und Schattenseiten.

Stimmt mein Leben?

Ein Weg, die eigenen Vorstellungen über das Leben loszulassen, ist das ehrliche Sichkonfrontieren mit Gott. Ich setze mich still vor Gott hin und frage mich und frage Gott: Stimmt mein Leben? Stimmen meine Vorstellungen und Bilder vom Leben? Oder bilde ich mir etwas ein? Habe ich mir etwas zurechtgelegt, damit es mir gut geht? Allein dieses Fragen führt uns in die Wahrheit. Wir können dann nicht einfach neue Vorstellungen entwickeln. Aber die alten relativieren sich. Vielleicht sind sie auch nicht schlecht. Aber wir dürfen uns an diese Vorstellungen nicht anklammern.

Es muss nicht perfekt sein

Es ist wichtig, dass wir uns fragen, was Gott uns sagen möchte, wenn uns etwas widerfährt, mit dem wir uns schwertun. Krankheit, Scheitern, Unglücksfälle in der näheren Umgebung, all das zerbricht unsere Vorstellungen von einem heilen und idealen Leben. Aber ich muss bereit sein, mir diese Vorstellungen auch zerbrechen zu lassen. Sonst zerbreche ich selbst am Leben. Es gibt nur diese Alternative: Entweder lasse ich mir meine Vorstellungen zerbrechen oder ich zerbreche selbst. Wir brauchen ein starkes Ich, um den Kampf des Lebens zu bestehen. Aber dann müssen wir das Ich immer auch loslassen, um in die eigene Mitte zu gelangen. Wir müssen vom Ich zum Selbst kommen. Das Ego will alles an sich raffen. Es kreist nur um sich selbst. Das Selbst ist die Stimmigkeit mit meinem inneren Wesen. Es ist mein wahrer Personkern. Das Selbst soll ich nicht loslassen, sondern nur das Ego.

Gott befreit

Gott bietet jedem Menschen die Erlösung an. Gott war schon immer der erlösende und befreiende Gott. Das Alte Testament spricht davon, dass Gott uns aus der Not erlöst und dass er uns von den Fesseln des Todes befreit. Auch in anderen Religionen ist Gott immer der erlösende Gott, der den Menschen aus seiner Verstrickung in die Welt erlöst.

Für dich und mich

In Jesus Christus kommt Gottes erlösendes Wirken zum Gipfelpunkt. In seinem Tod am Kreuz wird die erlösende und befreiende Liebe Gottes für alle Welt in einer unüberbietbaren Weise sichtbar. Jesus ist für jeden Menschen gestorben, für die Juden und Heiden, für die Getauften und Ungetauften. Johannes drückt das dadurch aus, dass aus dem durchbohrten Herzen Jesu die Liebe Gottes in Blut und Wasser über die ganze Welt ausgegossen wird. Die ganze Welt ist also durch den Tod Jesu berührt und erlöst worden.

Jesus ist jedem nahe

Aber diese Erlösung muss auch vom Menschen angenommen werden. Für uns Christen ist die Taufe der Weg, in die Gemeinschaft mit Christus aufgenommen zu werden. In der Taufe werden wir der Herrschaft der Welt entrissen und in das Reich Christi aufgenommen, in dem wir Heil und Heilung erfahren dürfen.
Aber das bedeutet nicht, dass Jesus die Ungetauften aufgibt. Er ist ihnen auch nahe. Aber für uns ist es gut, in der Taufe die Gemeinschaft mit Jesus leibhaft zu erfahren. Es ist also gut und wichtig, dass wir die Kinder taufen. Aber zugleich dürfen wir darauf vertrauen, dass Gottes erlösendes Tun weiter ist als die Sakramente der Kirche. Gottes Erlösung umgreift alle Menschen.

Durchlässig werden

Christus kann auch durch unsere Schwächen wirken. Die Schwäche hindert uns nicht daran, für Christus durchlässig zu werden. Im Gegenteil, sie kann sogar eine Hilfe sein, damit wir uns selbst nicht in den Mittelpunkt stellen, sondern wirklich durchlässig sind für den Geist Jesu. Dieses Wort befreit uns von dem Leistungsdruck, dass wir alle Schwächen, alle Ängste, alle Empfindlichkeiten loswerden müssen.

Wir werden erhört

Wir dürfen wie der hl. Paulus Gott darum bitten, dass er uns befreit von unserer Angst und Empfindlichkeit. Aber wenn wir immer noch darunter leiden, ist das kein Zeichen, dass Gott uns nicht erhört hat. Vielmehr mutet er uns zu, dass wir uns mit der Angst und Empfindlichkeit aussöhnen und gerade so für Gottes Geist durchlässig werden. Das befreit uns von dem Ego, das immer nur imponieren möchte. Wir kommen in Berührung mit dem wahren Selbst, mit dem innersten Kern, in dem Gott selbst wohnt.

Für Paulus wurde die Erfahrung seiner Krankheit und seiner Leiden zu einem wichtigen Weg, das Geheimnis der Passion Jesu Christi zu erkennen. Nach seiner vergeblichen Bitte, ihn von der Krankheit zu befreien, spürte er, dass er gerade durch die Krankheit und eigene Schwäche tiefer hineinwuchs in die Gemeinschaft mit dem gekreuzigten und auferstandenen Herrn. Er verkündete das Geheimnis von Tod und Auferstehung Jesu nicht nur mit Worten, sondern mit seiner ganzen Existenz, gerade auch mit seiner Krankheit.

Bibliografische Information der Deutschen Nationalbibliothek
Die Deutsche Nationalbibliothek verzeichnet diese Publikation in der Deutschen Nationalbibliografie; detaillierte bibliografische Daten sind im Internet über http://dnb.d-nb.de abrufbar.

Fotonachweis
Cover/S.4: © Triff/shutterstock
Vorsatz/Nachsatz: © Dmitry Pichugin/Fotolia
S.6/7: © Samot/shutterstock
S.8/9: © Carlos A. Oliveras/shutterstock
S.10/11: © Krivosheev Vitaly/shutterstock
S.12/13: © Sukharevskyy Dmytro_nevodka/shutterstock
S.14/15: © lamio/Fotolia
S.16/17: © Dmytro Tolokonov/Fotolia
S.18/19: © Wesley Cowpar/shutterstock
S.20/21: © Ulisse/Fotolia
S.22/23: © robynmac/Fotolia
S.24/25: © Willi Wilhelm/Fotolia
S.26/27: © alinamd/Fotolia
S.28/29: © Tomas Sereda/Fotolia

ISBN 978-3-7462-4027-5

Umschlag: Ulrike Vetter, Leipzig
Gesamtherstellung: Arnold & Domnick, Leipzig (A)